Inhaltsverzeichnis

Vorwort 2

Vorbemerkungen 3

Löwe, Tiger und ihre Lebensräume 5

So sehen Löwe und Tiger aus 15

Was fressen Löwen und Tiger? 29

Rund um Löwen und Tiger 31

Vorwort

Liebe Erzieher*innen,

Löwen und Tiger sind beeindruckende Tiere, die jedes Kind kennt und im Zoo auch schon bestaunt hat. In vielen Geschichten werden Löwen als stolze und ehrfurchtgebietende Tiere dargestellt. Sie sind die Könige der Tiere, die gerne als Wappentiere und Symbole vieler Königshäuser, Ortschaften und Sportvereine genutzt werden. Auch Tiger sind in Geschichten groß und stark, doch ist ihr Image manchmal negativ besetzt, wie etwa im „Dschungelbuch". Trotzdem haben auch sie einen Symbolcharakter und zieren Wappen von Sportvereinen ebenso wie auch die Cover von Nahrungsmitteln.

Lange Zeit wurden beide Großkatzen gejagt. Besonders Europäer fuhren nach Asien und Afrika, um die Tiere als Trophäe zu erbeuten. Aber auch heute sind beide Raubtiere durch viele Faktoren bedroht. Hierzu gehören sowohl der schwindende Lebensraum und Mensch-Raubtier-Konflikte als auch der Handel mit Knochen und anderen Körperteilen. Der Bestand der *Afrikanischen Löwen* gilt derzeit als gefährdet, der *Asiatische Löwe* ist vom Aussterben bedroht. Auch die Tiger sind stark bedroht und es besteht die Möglichkeit, dass sie bald aussterben.

In diesem Projekt lernen die Kinder viel über Löwen und Tiger, über ihr Aussehen, ihren Lebensraum und was sie fressen. Auf vielen Kinderseiten können die Kita-Kinder ihre Kompetenzen erweitern und sich in kreativen Angeboten ausleben. Auch zur Bedrohung der Tiere gibt es Angebote, die die Kinder ermächtigen, sich selbst für den Tierschutz einzusetzen.

Ich wünsche Ihnen und Ihren Kindern viel Spaß bei dem Kurzprojekt „Löwen und Tiger"!

Kerstin Paul

Hinweis: Aus Gründen der besseren Lesbarkeit wird im Folgenden auf eine sprachliche Differenzierung der Geschlechterbezeichnungen verzichtet. Da die Erzieher*innen in Kindertagesstätten zumeist weiblich sind, haben wir uns hier für die weibliche Form entschieden. Selbstverständlich sind stets alle Geschlechter angesprochen.

Vorbemerkungen

Zu den verwendeten Symbolen

Hauptkategorien:

Löwe, Tiger und ihre Lebensräume

So sehen Löwe und Tiger aus

Was fressen Löwen und Tiger?

Rund um Löwen und Tiger

Kinderarbeitsblatt

Bildungsbereiche:

 Sprachliche Bildung

 Musikalische Bildung

 Ästhetische Erziehung

 Umwelt-, Sach- und Naturbegegnung

 Gesundheit und Ernährung

 Mathematische Bildung

 Körpererfahrung und Bewegung

 Soziale Kompetenz

 Wahrnehmung und Entspannung

Tipps und Anregungen zu den Angeboten

Die einzelnen Angebote sind nicht nach Bildungsbereichen, sondern nach Themen sortiert. Innerhalb der Themen bauen die Angebote aufeinander auf. Selbstverständlich können auch nur einzelne Aufgaben mit den Kindern bearbeitet werden.

Zu „Der Tiger-Song", s. S. 12:

Der Text passt auf die Melodie „Wellerman". Das Lied können Sie im Internet anhören. Die Melodie ist sehr eingängig und bei den Kindern bekannt.

Zu „Masken basteln", s. S. 16:

Wenn Sie die Masken auf festen Karton übertragen, sind sie länger haltbar.

Zu den Rezepten, s. S. 23:

Bitte achten Sie bei den Rezepten auf eventuelle **Lebensmittelunverträglichkeiten** bei den Kindern.

Vorbemerkungen

Zu „Großkatzen-Olympiade", s. S. 33:

An den einzelnen Stationen machen die Kinder etwas, dass Großkatzen auch gut können. Löwen zum Beispiel können sehr schnell laufen, wenn sie ein Tier fangen möchten (Station 1). Sowohl Tiger als auch Löwen können weit springen (Station 2) und gut balancieren (Station 3). Tiger können sehr gut klettern (Station 4) und Löwen gut zusammenarbeiten (Station 5). Die sechste Station soll einfach Spaß machen.

Zu „Mutig wie ein Löwe – Kinderyoga Löwe", s. S. 36:

Passend zu dieser Übung können Sie mit den Kindern das Buch „Der Löwe in dir" von Rachel Bright und Jim Field lesen.

Weitere Ideen:

Besonders schön ist es, wenn Sie sich Löwen und Tiger mit den Kindern gemeinsam ansehen können. Hier bietet sich ein Zoobesuch an.

Literaturtipps

- Baltscheit, Martin: „Die Geschichte vom Löwen, der nicht schreiben konnte" und weitere. Beltz Verlag, Weinheim 2012.
- Bright, Rachel/Field, Jim: „Der Löwe in dir". Magellan GmbH, Bamberg 2016.
- Fatio, Louise: „Der glückliche Löwe". Kerle Verlag, Freiburg 2018.
- Knudsen, Michelle/Hawkes, Kevin: „Ein Löwe in der Bibliothek". dtv junior, München 2021.
- Kruse, Max: „Der Löwe ist los". Thienemann Verlag, Stuttgart 2015.

Savanne und Regenwald

ab 3 Jahren

Material:
Kopiervorlage „Löwe in der Savanne“ und „Tiger im Regenwald“ (s. S. 6)

Vorbereitung:
Kopieren Sie die Vorlagen „Löwe in der Savanne“ und „Tiger im Regenwald“.

Arbeitsanleitung:
Betrachten Sie gemeinsam mit den Kindern die Bilder. Die Kinder schildern, was sie sehen. Zusätzlich können die Kinder durch Fragen motiviert werden, zum Beispiel:

- Wie viele Löwen könnt ihr auf dem Bild sehen? Wie viele Tiger könnt ihr sehen? Was sagt das über die Lebensweise der Tiere?
- Wie sieht der Lebensraum auf den Bildern jeweils aus?
- Unterscheiden sich die Lebensräume voneinander?
- …

Sachinformationen für die Erzieherinnen:

Löwen

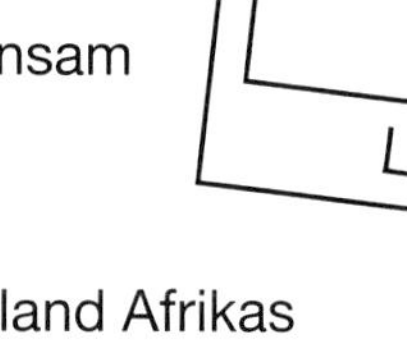

Löwen leben in Gruppen zusammen, die Rudel genannt werden. Ein Rudel besteht aus mehreren Weibchen und ihren Jungen, aber nur wenigen Männchen. Eines der Männchen leitet das Rudel. Löwen schlafen den größten Teil des Tages, gerne im Schatten von Büschen und Bäumen. Während die Weibchen sich gemeinsam um die Jungen kümmern und in der Dämmerung Beute jagen, sorgen die Männchen dafür, dass das Rudel sicher ist.
Löwen leben in Halbwüsten, Wüsten, Savannen und dem Grasland Afrikas und Indiens.

Tiger

Tiger leben nicht in Gruppen, sie streifen alleine durch ihr Revier. Sie leben in Wäldern, Nadelwäldern, Mangrovenwäldern, tropischen Wäldern, dem Regenwald sowie auf Bergen und im Hochland Süd- und Ostasiens. Dank ihrer Streifen passen Tiger sehr gut in den Wald, da sie dort mit Ästen und Baumstämmen optisch verschmelzen. So können sie sich sehr gut an eine Beute heranpirschen.
Als einzige Katzen mögen sie Wasser und gehen gerne schwimmen, um sich abzukühlen.

„Löwe in der Savanne"

„Tiger im Regenwald"

Yogageschichte „Tora Tiger schleicht umher" (1)

ab 5 Jahren

Material:
Matten, gemütliche Kleidung

Vorbereitung:
Legen Sie einen Raum mit Matten aus. Jedes Kind sollte auf einer Matte stehen können. Schön ist es, wenn die Matten im Kreis mit Blick auf die erzählende Person ausgerichtet sind. Sorgen Sie dafür, dass es während der Geschichte möglichst wenig Ablenkung gibt. Lesen Sie sich die Geschichte vorher einmal durch.

Durchführung:
Kommen Sie mit den Kindern in den Raum. Jedes Kind setzt sich im Fersensitz auf eine Matte. Lesen Sie die Geschichte einmal langsam vor und machen Sie die Übungen ebenfalls einmal vor. So können sich die Kinder alles ansehen. Im Anschluss lesen Sie die Geschichte erneut vor und die Kinder machen mit.

Text	Bewegung
An einem heißen Tag liegt Tora Tiger im Gras und döst. Um ihn herum hört man die Tiere des Regenwaldes. Vögel zwitschern, eine Schlange gleitet durch das Unterholz. Tora Tiger ist ganz entspannt.	*Die Kinder beugen sich im Fersensitz nach vorne und legen den Oberkörper entspannt auf den Oberschenkeln ab. Die Hände werden neben dem Körper abgelegt. Die Stirn berührt den Boden.*
Ein Geräusch weckt ihn. Er weiß nicht so recht, was es war. Noch ein wenig verschlafen, streckt er sich erst einmal genüsslich.	**Katze:** *Die Kinder kommen hoch in den Vierfüßlerstand. Sie machen zuerst einen Buckel und ziehen das Kinn dabei an die Brust.* *Dann machen sie den Rücken wieder gerade und legen den Kopf vorsichtig in den Nacken. Die Schulterblätter werden dabei zusammengezogen.*
Dann macht er sich einmal ganz lang von der Vordertatze bis zur Schwanzspitze. Jetzt ist die Müdigkeit aus allen Knochen verschwunden.	**Tiger:** *Die Kinder bleiben im Vierfüßlerstand, der Rücken ist gerade. Sie strecken den linken Arm nach vorne und das rechte Bein nach hinten und machen sich ganz lang. Der Kopf blickt dabei zum Boden. Dann werden Bein und Arm angezogen und die Seiten gewechselt. Der Rücken bleibt bei der Übung möglichst gerade.*

Yogageschichte „Tora Tiger schleicht umher" (2) 

ab 5 Jahren

Tora Tiger steht auf. Er wendet seinen Kopf nach rechts, dann nach links. Aufmerksam lauscht er auf jeden Laut und jeden Schritt, den er im Urwald wahrnehmen kann.	**Halbmond rechts und links:** *Die Kinder stellen sich aufrecht hin. Die Füße stehen etwa schulterbreit voneinander entfernt. Dann heben sie den rechten Arm über den Kopf und beugen den Oberkörper leicht nach links.* *Dann die Seite wechseln.*
Nichts! Das Geräusch ist weg. Tora macht sich dennoch auf den Weg. Er hat ein großes Revier, durch das er täglich streift. Fast lautlos schleicht er auf leisen Fußsohlen zwischen den Bäumen und Büschen hindurch.	*Die Kinder schleichen durch den Raum.* *Dabei setzen sie ihre Füße leise auf und rollen mit dem ganzen Fuß ab. Am Ende kommen sie wieder auf ihre Matte zurück.*
Der Wald ist dicht und Tora Tiger ist fast nicht zu sehen zwischen den Baumstämmen, Ästen und Zweigen. Sein Fell verschmilzt dank der Streifen mit seiner Umgebung.	**Baum:** *Die Kinder stehen aufrecht, die Füße parallel nebeneinander. Die Knie leicht gebeugt. Das Gewicht wird auf das rechte Bein verlagert und der linke Fuß angehoben und am rechten Oberschenkel oder der Wade abgelegt. Bei sicherem Stand werden die Arme über den Kopf gehoben und die Handflächen zusammengelegt. Kurz aushalten, dann die Seite wechseln.*
Der Tag ist wirklich heiß! Tora Tiger kommt an einen kleinen See. Dankbar beugt er sich zum Wasser herunter und beginnt zu trinken.	**Stehende Vorbeuge:** *Mit der Ausatmung beugen sich die Kinder nach vorne, der Rücken bleibt gerade. Sie versuchen, den Kopf an die Knie und die Hände auf die Füße zu legen. Zwei Atemzüge so bleiben, dann wieder langsam hochkommen.*
Und weil es so heiß ist, springt der Tiger gleich ganz ins Wasser. Zu schwimmen ist einfach herrlich, findet er. Im Wasser kann er viele bunte Fische sehen.	**Fisch:** *Die Kinder legen sich auf den Rücken. Die Hände schieben sie unter den Po. Sie heben den Brustkorb und beugen den Kopf nach hinten. Das Gewicht des Körpers sollte auf den Händen liegen.*
Schließlich steigt Tora Tiger wieder aus dem Wasser. Er schüttelt das Wasser aus dem Fell und sucht sich dann einen sonnigen Fleck im hohen Gras. Hier will er sich noch eine Weile ausruhen, bevor er abends auf Beutejagd gehen wird. Zufrieden schließt Tora Tiger die Augen und schläft ein.	**Stellung des Kindes:** *Die Kinder kommen wieder auf die Knie. Sie setzen sich auf die Fersen, beugen den Oberkörper nach vorne und legen ihn auf den Oberschenkeln ab. Die Hände werden neben dem Körper abgelegt. Die Stirn berührt den Boden und der Oberkörper kann entspannt auf den Beinen liegen. So können die Kinder die Yoga-Geschichte ausklingen lassen.*

Bewegungsgeschichte „Besuch beim Löwen"

ab 3 Jahren

Material: -

Vorbereitung:
Lesen Sie sich die Geschichte vorher durch und sehen Sie sich die Bewegungen an.

Durchführung:
Rufen Sie die Kinder zusammen. Lesen Sie die Geschichte einmal langsam vor und zeigen Sie die Bewegungen. Im Anschluss lesen Sie die Geschichte erneut vor und die Kinder machen mit.

Frei nach dem Kinderlied: „Heut wollen wir auf Safari gehen und einen Löwen schießen"

Text	**Bewegungen**
Wir sind in Afrika in einem Camp. Heute wollen wir einen Löwen besuchen. Dafür brauchen wir unseren Safarihelm, einen Fotoapparat und unseren Rucksack.	*Pantomimisch Rucksack und Helm aufziehen und die Kamera umhängen.*
Dann gehen wir los.	*Mit den Händen rechts und links abwechselnd auf die Oberschenkel schlagen.*
Zuerst gehen wir durch hohes Gras. Wir schieben es etwas zur Seite, um besser gehen zu können.	*Mit den Händen rechts und links das Gras pantomimisch zur Seite drücken.*
Wir wissen nicht, ob der Löwe im Gras versteckt liegt, deshalb schleichen wir ganz leise.	*Auf Zehenspitzen ein paar Schritte im Gruppenraum herumschleichen.*
Vor uns liegt plötzlich ein Wasserloch, da müssen wir durch. Wir sind ganz vorsichtig, damit uns kein Krokodil erwischt. Wir schwimmen ganz schnell.	*Mit den Armen schnelle Schwimmbewegungen machen.*
Auf der anderen Seite schleichen wir weiter durch das hohe Gras.	*Das Gras links und rechts wegschieben und dabei schleichen.*
Plötzlich rennt eine Gazelle an uns vorbei. Schnell ducken wir uns, weil wir uns erschreckt haben.	*Schnell hinhocken.*
Als wir weiterschleichen, sehen wir eine Höhle vor uns. Wir bleiben stehen und beobachten. Im Eingang liegt ein Löwe und schläft.	*Stehen und die Hände als Fernglas vor die Augen halten.*
Leise machen wir ein paar Fotos. Dann schleichen wir schnell weg, bevor der Löwe erwacht. Zuerst laufen wir über die Wiese mit dem hohen Gras, dann schwimmen wir durch das Wasser, schleichen durch das Gras und kommen wieder an unserem sicheren Camp an.	*Mit den Fingern so tun, als würden Fotos gemacht. Dann schnell schleichen, Schwimmbewegungen machen, schleichen und das Gras beiseitedrücken. Zum Schluss ausruhen vom Abenteuer!*

Savanne im Schuhkarton

ab 4 Jahren

Material:
1 Schuhkarton für jedes Kind, Fingerfarben in Rot, Orange, Gelb und Braun, Bunt- oder Filzstifte, Scheren, Kleber, Kopiervorlagen „Löwe“ (s. u.) und „Savanne“ (s. u.), Stöcke, Moos oder Gras, evtl. flache Steine, evtl. Knete, evtl. Spielfiguren

Vorbereitung:
Gehen Sie mit den Kindern durch das Außengelände oder durch einen Wald und suchen Sie gemeinsam nach geeignetem Material für die Schuhkartons.
Sehen Sie sich in der Einrichtung mit den Kindern Bilder vom Lebensraum der Löwen an.

Durchführung:
Jedes Kind erhält einen Schuhkarton. Der Schuhkarton wird innen mit Fingerfarben angemalt. Dann wird die Kopiervorlage „Savanne“ ausgeschnitten und innen auf den unteren Teil der Rückwand geklebt.
Nun wird der Karton mit den Naturmaterialien dekoriert. Aus Stöcken können Bäume werden (evtl. mit Knete am Boden befestigen), aus Gras und Moos die Steppe und aus den Steinen Felsen, auf denen die Löwen liegen können.
Abschließend wird ein Löwe gemalt und ausgeschnitten oder die Kopiervorlage „Löwe“ ausgeschnitten und in den Schuhkarton geklebt. Alternativ können auch Spielfiguren aus der Einrichtung genommen und in den Schuhkarton gesetzt werden.

(Bitte hochkopieren.)

Kopiervorlage „Savanne“/„Löwe“

(Bitte hochkopieren.)

Ein Dschungel für den Tiger

ab 2 Jahren

Material:
Kopiervorlage „Lebensraum Tiger“ (s. u.), Kopiervorlage „Tiger“ (s. S. 12), Filz- und/oder Buntstifte, Tonkarton in Grün, grünes Krepppapier, Naturmaterialien

Vorbereitung:
Sammeln Sie mit den Kindern eventuell geeignetes Naturmaterial.

Durchführung:
Die Kopiervorlage „Lebensraum Tiger“ wird von den Kindern angemalt und auf ein Blatt Tonkarton geklebt. Danach wird die Kopiervorlage „Tiger“ (s. S. 12) ausgeschnitten und darauf geklebt. Das Krepppapier wird in kleine Päckchen gelegt und bis zur Hälfte eingeschnitten. Dann werden die Päckchen wieder geöffnet und unten auf die Kopiervorlage geklebt.
Auch weitere Materialien können auf das Bild geklebt werden, bis der Tiger durch einen Dschungel läuft.

Kleben Sie die Bilder nebeneinander an eine Wand, sodass eine kleine Ausstellung entsteht. Laden Sie die Eltern in Ihren kleinen Dschungel ein.

Kopiervorlage „Lebensraum Tiger“

(Bitte evtl. hochkopieren.)

Kopiervorlage „Tiger"

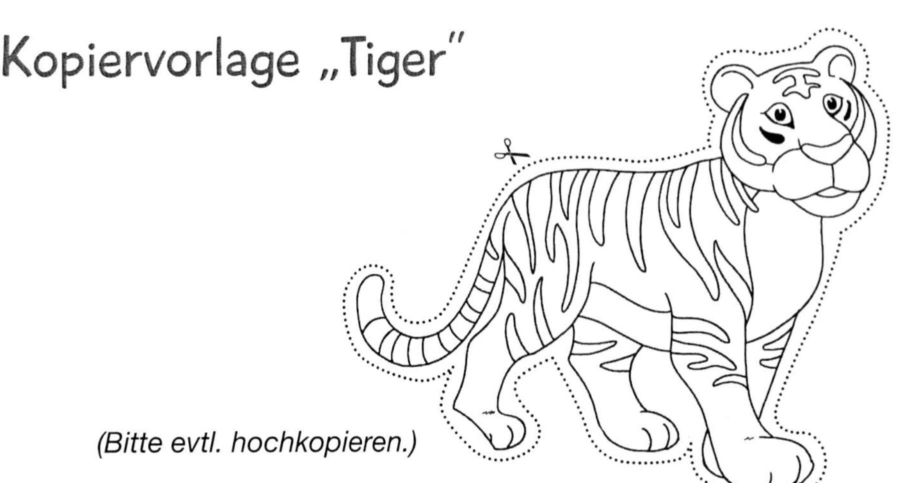

(Bitte evtl. hochkopieren.)

ab 3 Jahren

Der Tiger-Song

Melodie: Wellerman (Walfängerlied von etwa 1860); Text: Kerstin Paul

1. Da war ein Tiger, groß und stark,
   sein Fell orange, die Streifen schwarz,
   auf leisen Pfoten im Regenwald
   kam er angelaufen.

   Refrain:
   Knurr, knurr,
   der Tiger kommt
   und streift durchs dunkle Unterholz.
   Knurr, knurr, der Tiger kommt
   durch den Wald geschlichen.

2. Er läuft hinunter an den Fluss,
   weil er etwas trinken muss.
   Das Wasser ist so herrlich kalt,
   er stürzt sich in die Fluten.
   Refrain

3. Das Wasser tropft ihm aus dem Fell,
   er schüttelt sich, es trocknet schnell,
   dann sucht er sich ’nen stillen Ort,
   um sich auszuruhen.
   Refrain

4. Der Tiger schläft den ganzen Tag,
   er träumt von einer wilden Jagd,
   er pirscht sich an die Beute ran –
   doch dann springt er daneben.
   Refrain

5. Der Tiger schreckt aus seinem Traum,
   sieht sich um und glaubt es kaum,
   keine Beute ist in Sicht,
   er brüllt so laut er kann.
   Refrain

6. Vorbei ist fast der helle Tag
   er tut das, was er gerne mag,
   streift wieder durch das Unterholz
   und sucht sich was zu fressen.
   Refrain

7. Am Abend kommt der Tiger dann
   satt an seiner Höhle an.
   Es war ein langer Tag für ihn,
   nun legt er sich zur Ruhe.
   Refrain

Entspannungsgeschichte „In der Savanne" (1) 

ab 3 Jahren

Material:
Matten, evtl. CD-Player o. Ä. mit Entspannungsmusik

Vorbereitung:
Legen Sie die Matten in einem möglichst ruhigen und etwas abgedunkelten Raum aus. Halten Sie die Entspannungsmusik bereit.

Arbeitsanleitung:
Die Kinder legen sich möglichst bequem auf die Matten. Sie sollten genug Platz für sich haben. Wenn alle Kinder liegen und es ruhig ist, schalten Sie die Entspannungsmusik ein.
Die Musik sollte im Hintergrund leise zu hören sein. Lesen Sie die Geschichte dann langsam und mit Pausen vor.

Geschichte:
Lege dich bequem auf deine Matte und schließe deine Augen. Lasse nun alle Gedanken an den Tag zurück und werde ganz ruhig. Atme tief ein und aus, ein und aus.

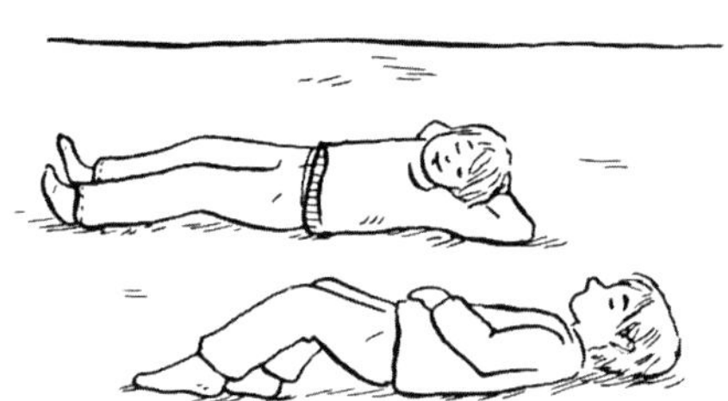

Nun stelle dir vor, dass du in der Savanne bist.
Du liegst im hohen Gras unter einem Baum. Die Äste des Baumes erstrecken sich weit zu beiden Seiten. Durch die Blätter blitzt immer mal wieder die Sonne hindurch. Es ist sehr warm, sogar hier im Schatten. Aber manchmal geht ein Wind über dein Fell. Dein Fell? Ja, dein Fell, denn du bist ein Löwe.

Du liegst entspannt auf dem Boden. Um dich herum liegen noch weitere Löwinnen und Löwen aus deinem Rudel. Ihr seid eine Gemeinschaft und passt aufeinander auf.

Jetzt bewegt sich etwas auf der Wiese im hohen Gras. Eine Gazelle läuft durch die brennende Sonne. Du hebst deinen Kopf und folgst ihren Bewegungen. Die Gazelle bleibt stehen, sodass du sie dir ganz in Ruhe ansehen kannst. Zum Glück bist du gerade satt und zufrieden, so kannst du liegen bleiben. Die Gazelle scheint etwas zu wittern. Sie springt in schnellen Sprüngen davon.

Ein anderer Löwe nähert sich dem Baum und deinem Rudel. Wachsam schaust du ihn an. Bald erkennst du, dass der Löwe ein Freund ist. Er schleicht auf leisen Pfoten zu deinem Rudel und legt sich neben dich. Du spürst die Wärme seines Fells und freust dich, dass du umgeben bist von Freunden und Familie.

Du legst deinen Kopf wieder ab und schließt die Augen. Der Schatten der Blätter zeichnet ein Muster auf deine geschlossenen Lider. Schläfrig genießt du den Nachmittag und das Gefühl, zufrieden und entspannt zu sein.

Entspannungsgeschichte „In der Savanne" (2) 

ab 3 Jahren

Komme nun mit deiner Aufmerksamkeit zurück in den Raum.
Während du langsam wach wirst, nimmst du die Ruhe und Zufriedenheit aus deiner Löwengeschichte mit dir.
Recke und strecke dich und öffne dann wieder deine Augen.

Tipp:
Im Anschluss an diese Entspannungsgeschichte können die Kinder Bilder malen. Hierzu können Sie die Musik noch einmal leise abspielen, sodass die Kinder an die Entspannungssituation erinnert werden.

ab 3 Jahren

Zungenbrecher

Arbeitsanleitung:
Sprechen Sie den Kindern die Zungenbrecher zunächst langsam vor. Danach sprechen die Kinder sie mehrmals hintereinander nach.

- Laut lachend läuft Loreley Löwe langsam nach London.
- Lächelnde lila Löwen liegen laut lesend unter Linden im Lavendel.

Für Zungenspezialisten:

- Tante Tiger turtelt toll mit Tiger Tom im Turteltal.
  Im Turteltal turtelt Tiger Tom toll mit Tante Tiger.
- Theo Tigers Tinte tropft tadellos tröpfchenweise vom Topf.
  Vom Topf tropft tadellos tröpfchenweise Theo Tigers Tinte.

Malgeschichte „Löwengesicht"

ab 3 Jahren

Material:
je Kind 1 Blatt DIN-A4-Papier, Stifte

Vorbereitung:
Bereiten Sie die Tische für die Malgeschichte vor.
Alle Kinder sollten gut an die Malblätter und die Stifte kommen.

Arbeitsanleitung:
Lesen Sie die Geschichte dann langsam vor und zeigen Sie den Kindern, was sie machen sollen. Dann wird die Geschichte erneut langsam vorgelesen. Geben Sie allen Kindern die Zeit, jedes Element mitzumalen.

Malgeschichte:
Ich male eine Form so wie einen Kreis,
da ist für mich gar nichts dabei.

Und weil ich das schon so gut kann,
mal ich innen einen kleineren Kreis sodann.

Zwei Punkte mach ich für die Augen,
ein Dreieck wird als Nase taugen.

Unter die Nase kommt ein Mund
und Strahlen um den kleinen Kreis so rund.

Damit der Löwe hören kann,
bekommt er noch zwei Ohren dran.

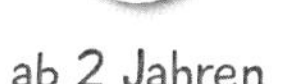

ab 2 Jahren

Masken basteln

Material:
Kopiervorlagen „Masken basteln" (s. S. 16), Stifte, Wolle, 1 Schere, evtl. Tonkarton, Kleber

Durchführung:
Lassen Sie die Kinder die Masken anmalen. Wenn die Masken fertig sind, können sie zur Verstärkung noch auf festen Tonkarton geklebt werden. Dann werden die Masken ausgeschnitten. An den Seiten mit einer spitzen Schere Löcher für die Wolle hinein stechen. Messen Sie die Länge der Wolle am Kopf der Kinder aus und binden Sie diese dann an der Maske fest.

Fertig sind die Raubkatzen!

Masken basteln

Rückseite Bildkarten (1)

Löwenmännchen	Löwenweibchen
Löwenmutter trägt Junges	Löwenfamilie
Löwe nah	weißer Löwe
Männchen und Weibchen	Weibchen bei der Jagd

Bildkarten Löwen

Bildkarten Tiger

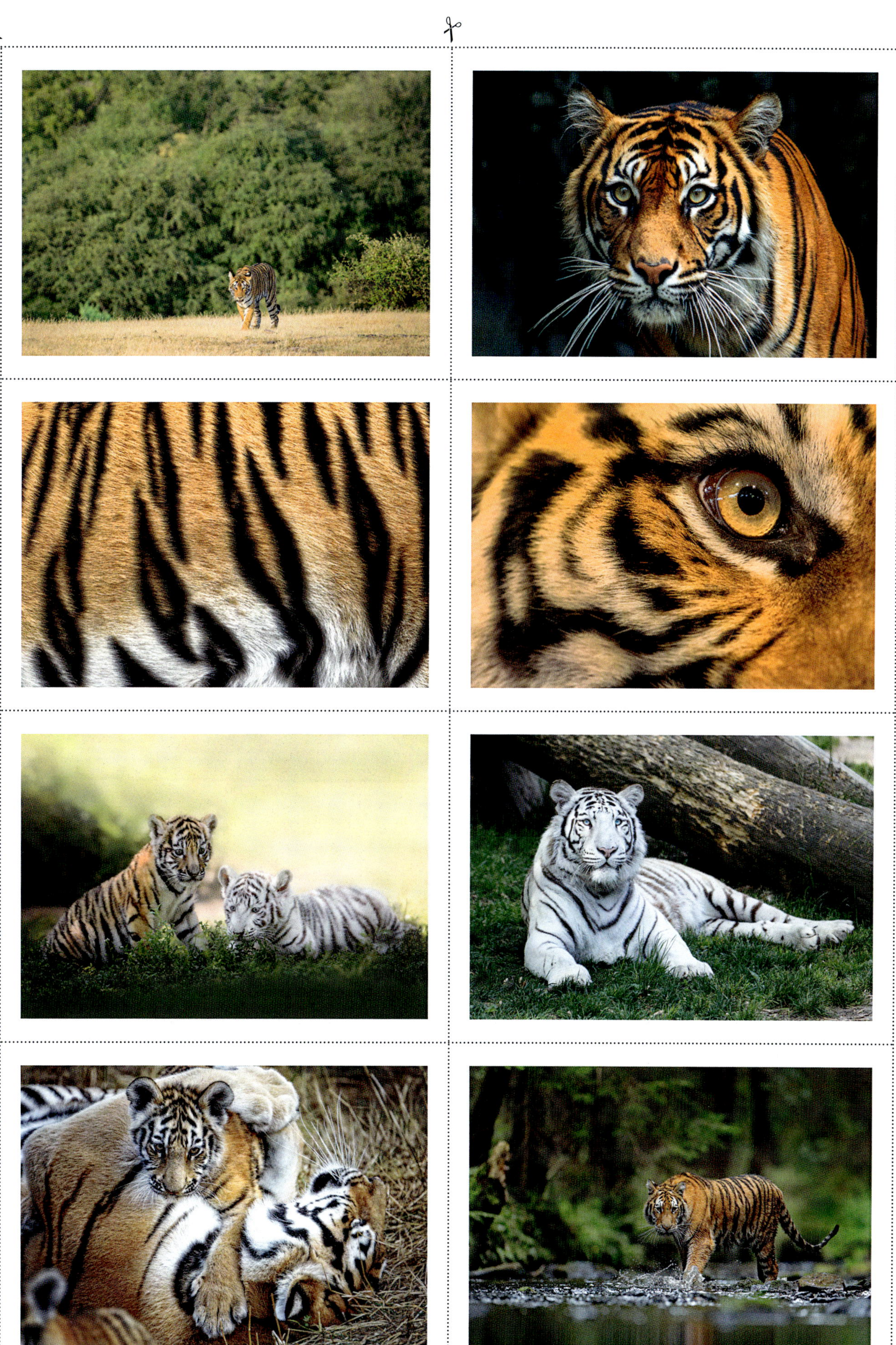

Rückseite Bildkarten (2)

Tiger nah BVK Buch Verlag Kempen	Tiger in natürlicher Umgebung BVK Buch Verlag Kempen
Tigerauge BVK Buch Verlag Kempen	Tigerfell BVK Buch Verlag Kempen
Tigerjunge BVK Buch Verlag Kempen	Tiger weiß BVK Buch Verlag Kempen
Tigerfamilie BVK Buch Verlag Kempen	Tiger im Urwald BVK Buch Verlag Kempen

Tigerstreifen

ab 3 Jahren

Male dem Tiger ganz viele Streifen.

ab 3 Jahren

Löwenmähne

Male dem Löwen eine wilde Mähne.

Ausmalbild „Tiger und Löwe"

ab 3 Jahren

Male richtig aus.

○ = orange ♡ = grün □ = dunkelbraun

△ = hellbraun ● = schwarz

Afrikanischer Bananenpudding für hungrige Löwen 

ab 4 Jahren

Zutaten:
je Kind 1 Banane, 250 ml Milch, 1 EL Zucker, etwas Salz, 20 g Mehl

Materialien:
Messer/Gabeln, 1 Topf, Brettchen, 1 Messbecher, 1 Pürierstab,
1 Holzlöffel, 1 Esslöffel, 1 Waage, 1 Herd, Schälchen, 1 Kühlschrank

Zubereitung:

1. Lassen Sie die Kinder die Bananen selbst schälen und mit der Gabel etwas zerkleinern.
2. Die Bananen werden in einen Topf gegeben und die Milch hinzugegeben.
3. Pürieren Sie die Bananen in der Milch und fügen Sie dann Zucker und etwas Salz hinzu.
4. Rühren Sie einmal gut um, bevor Sie das Püree aufkochen. Schalten Sie dann die Hitze herunter und rühren Sie das Mehl unter.
   Das Püree sollte nun noch mindestens 5 Minuten köcheln.
5. Geben Sie die Masse dann in kleine Schälchen. Lassen Sie sie zuerst bei Raumtemperatur abkühlen und dann im Kühlschrank kalt werden.

ab 3 Jahren

Indischer Tiger-Frucht-Lassi

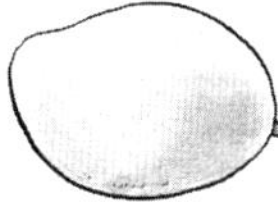

Zutaten:
1 oder mehrere Mango(s) (oder eine andere Frucht),
Wasser, Naturjoghurt

Material:
1 Messer, 1 Brettchen, 1 große Schüssel oder Topf,
1 Pürierstab, 1 Messbecher, 1 Schneebesen oder Mixer, je Kind 1 Becher

Zubereitung:

1. Schälen und entkernen Sie die Mango. Schneiden Sie die Frucht in kleinere Stücke und geben Sie die Stücke in eine große Schüssel oder einen Topf. Pürieren sie die Frucht nun mit dem Pürierstab zu einer Fruchtsoße.
2. Geben Sie diese Fruchtsoße in den Messbecher und merken Sie sich die Menge.
   Geben Sie sie danach wieder in die große Schüssel. Messen Sie nun Wasser und Naturjoghurt in der gleichen Menge wie die Fruchtsoße ab und geben Sie sie nacheinander ebenfalls in die große Schüssel.
3. Rühren Sie die Zutaten mit einem Schneebesen gut um. Natürlich kann man auch einen Mixer verwenden, wenn die Schüssel groß genug ist.
4. Geben Sie die Masse in kleine Becher. Wer möchte, kann die Lassis auch noch in den Kühlschrank stellen. Dann sind die Getränke beim Servieren schön kalt.

Körperbau des Löwen / des Tigers

ab 3 Jahren

Material:
Kopiervorlagen „Löwe“ und „Tiger“ (s. S. 25)

Vorbereitung:
Die Vorlagen „Löwe“ und „Tiger“ werden auf DIN A4 hochkopiert.

Arbeitsanleitung:
Sprechen Sie mit den Kindern über Löwen und Tiger. Was wissen sie bereits? Schauen Sie sich danach gemeinsam mit den Kindern die Kopiervorlage zum Körperbau der Tiere an.

Mögliche Fragen:
- Wie sieht der Löwe / der Tiger aus?
- Wie heißen die einzelnen Körperteile?
- Was hat der männliche Löwe um seinen Kopf?
- Was ist das Besondere am Fell des Tigers?

Weitere Informationen zum Löwen:
Löwen sind die einzigen Katzen, die in einem Rudel zusammenleben. Die Männchen bekommen, wenn sie erwachsen werden, eine lange Mähne um den Kopf. Sie sorgt dafür, dass das Männchen für die Weibchen attraktiv aussieht und schützt es bei Kämpfen. Die Farbe des Löwenfells ist bei allen Tieren sandig-braun. Die Löwenkinder haben eine Zeit lang schwarze Tupfen im Fell.
Der *afrikanische Löwe* wird bis zu 2,50 Meter lang, und wiegt etwa 220 kg. Der *asiatische Löwe* wird nur etwa 2 Meter lang und wiegt etwa 30 Kilo weniger.

Weitere Informationen zum Tiger:
Tiger sind Raubkatzen. Ihr Fell ist orangefarben mit schwarzen Streifen. Dabei hat jeder Tiger ein eigenes Streifenmuster, das man auch auf der Haut findet. Das Streifenmuster hilft dem Tiger, sich im Unterholz zu verstecken. Tiger haben sehr gute Augen. Mit ihren Barthaaren können sie ihre Umgebung ertasten. Außerdem verfügen Tiger über feine Ohren und eine gute Nase. Ihr langer Schwanz hilft ihnen, das Gleichgewicht zu halten. Unter ihren Pfoten haben Tiger Fußpolster. Damit können sie sehr leise schleichen. Wie auch Hauskatzen können Tiger ihre Krallen einziehen.

Kopiervorlage „Löwe"

Kopiervorlage „Tiger"

Tiger suchen

ab 5 Jahren

Zähle die Tiger auf diesem Bild.
Schreibe auf.

Es sind ☐ Tiger auf dem Bild.

Löwenrechnen

ab 5 Jahren

Verbinde die Zahlen in der richtigen Reihenfolge.

Fehlersuche

ab 4 Jahren

Finde 8 Fehler. ✏ ○ Kreise ein.

Das mögen Löwen gern

ab 3 Jahren

Zusatzinformationen:
Löwen jagen vor allem in der Dämmerung. Wie alle Katzen haben sie sehr gute Augen, mit denen sie auch im Dunkeln sehen können. So können sie Zebras, Gnus und Antilopen aufspüren. Manchmal fressen sie aber auch Hasen, Vögel oder tote Tiere, die sie anderen Tieren wegnehmen. Meist jagen einige Weibchen zusammen. Männchen jagen nur, wenn ein großes Tier wie ein Büffel erlegt werden soll.

Bei der Jagd schleichen sich die Löwinnen leise an. Wenn sie nah genug sind, springen sie mit schnellen und weiten Sprüngen auf das Opfer zu. Wenn das Tier entwischen kann, laufen sie ihm meistens nicht nach.

Bei den Löwen frisst zuerst das Männchen, das das Rudel anführt. Danach kommen die anderen Männchen, dann die Weibchen und die Jungen.

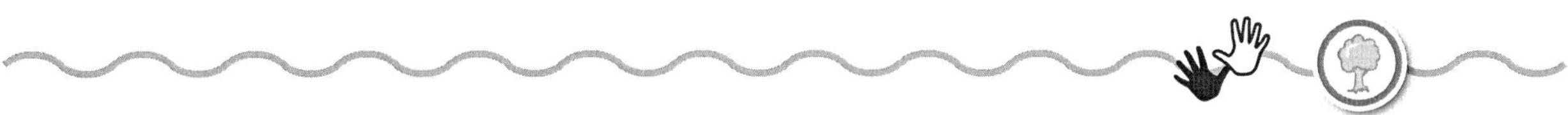

ab 3 Jahren

Kreise ein, was der Löwe mag.

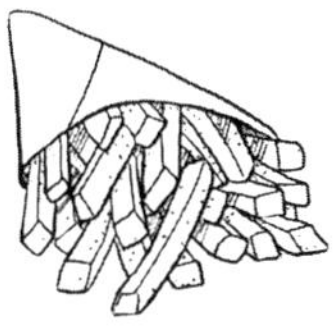

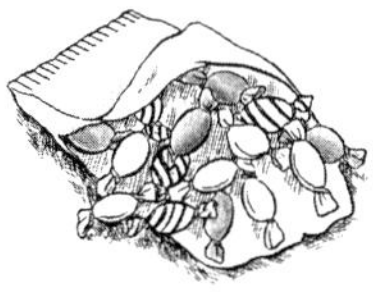

Welche Tiere jagd der Tiger?

ab 3 Jahren

Zusatzinformationen:

Tiger können sich dank ihrer Pfoten sehr leise an ein Tier anschleichen. Ihr Fell tarnt sie perfekt, das bedeutet, dass sie zwischen Bäumen, Gräsern und Ästen kaum zu sehen sind.
Geduckt schleicht sich der Tiger an seine Beute an, bis er sich mit schnellen Sprüngen auf sie stürzt. Zu seinen Beutetieren gehören Hirsche, Wildrinder, Tapire, Antilopen, Wildschweine, Affen und Vögel.

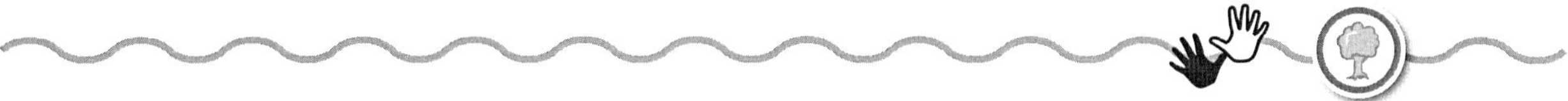

ab 3 Jahren

Was mag der Tiger am liebsten? Kreise ein.

Tigerspuren folgen

ab 4 Jahren

Einige Tiger sind auf der Suche nach Beute durch den Urwald gelaufen.
Spure ihre Wege nach.

Löwen-Massage

ab 4 Jahren

Material:
Matten/Sitzkissen, Geschichte (s. u.)

Vorbereitung:

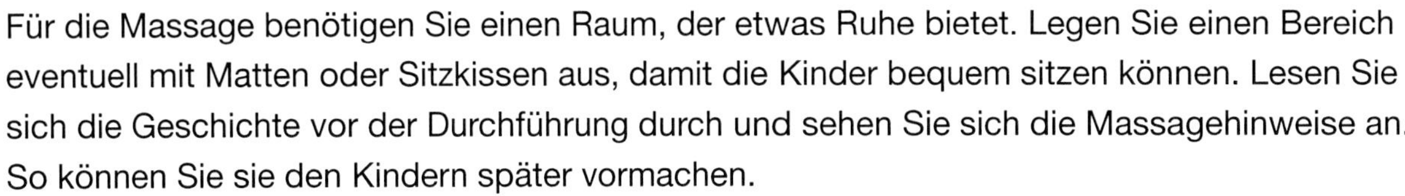

Für die Massage benötigen Sie einen Raum, der etwas Ruhe bietet. Legen Sie einen Bereich eventuell mit Matten oder Sitzkissen aus, damit die Kinder bequem sitzen können. Lesen Sie sich die Geschichte vor der Durchführung durch und sehen Sie sich die Massagehinweise an. So können Sie sie den Kindern später vormachen.

Arbeitsanleitung:
Holen Sie die Kinder in den ruhigen Raum. Erklären Sie einmal den Ablauf, die Massagegeschichte und die Bewegungen. Dann kommen jeweils zwei Kinder zusammen. Sie setzen sich im Schneider- oder Fersensitz hintereinander. Zuerst massiert das eine Kind. Dabei lesen Sie die Geschichte vor und die Kinder machen die Bewegungen mit. Danach wird gewechselt, das heißt, die Kinder drehen sich um und die Geschichte wird noch einmal vorgelesen.
Wichtig dabei ist, dass nur neben der Wirbelsäule massiert wird, nicht darauf!
Jedes Kind darf sagen, wenn ihm die Massage zu fest oder unangenehm ist. Wenn ein Kind nicht massiert werden möchte, sollte es nicht gezwungen werden, mitzumachen. Ebenso wenn ein Kind nicht massieren möchte.

Geschichte:

Text	**Bewegung**
Der Löwe läuft durch die Savanne. Es ist schön warm. Die Sonne scheint.	*Mit den ganzen Handflächen Löwentapsen auf dem Rücken machen.*
Unter einen großen Baum legt sich der Löwe in den Schatten und döst ein wenig.	*Mit den Handflächen Wischbewegungen über den ganzen Rücken machen.*
Er sieht eine Gazelle durch das hohe Gras laufen.	*Mit den Fingern tippelnde Schritte über den ganzen Rücken machen.*
Die Gazelle hopst aufgeregt davon, aber der Löwe ist satt und bleibt entspannt liegen.	*Mit den Handflächen leichte hopsende Bewegungen über den Rücken machen.*
Da kommt sein Rudel zu ihm gelaufen.	*Mit den ganzen Handflächen Löwentapsen auf dem Rücken machen.*
Die Löwenkinder toben um ihn herum.	*Schnellere Löwentapsen machen.*
Es ist warm und daher lassen sich alle im Gras nieder und ruhen sich aus. Bis zur Dämmerung entspannen sich alle Löwen.	*Mit den Handflächen streichende Bewegungen über den Rücken machen.*
	Die Kinder dürfen jetzt noch einmal tief durchatmen und sich entspannen, bevor die Plätze getauscht werden.

Großkatzen-Olympiade

ab 4 Jahren

Material:
Kopiervorlage Stationen-Pass „Großkatzen-Olympiade“ (s. S. 4), Kreide, 1 Stoppuhr, 1 Maßband, 1 Turnbank, Springseile, Teppichfliesen, Balance-Board, Flusssteine, Stifte oder Stempel, weite Gummibänder

Vorbereitung:
Bauen Sie alle Stationen im Turnraum oder im Außengelände auf. Malen Sie für die Rennbahn eine Start- und eine Ziellinie auf. Kopieren Sie die Kopiervorlage Stationen-Pass „Großkatzen-Olympiade“ in ausreichender Zahl und versehen Sie sie mit den Namen der Kinder. Legen Sie einen Stift oder einen Stempel bereit.

Arbeitsanleitung:
Kommen Sie mit den Kindern im Turnraum oder im Außengelände zusammen. Fragen Sie sie noch einmal, was Großkatzen alles können. Wenn die Kinder einiges aufgezählt haben, können Sie ihnen verraten, dass sie nun eine Olympiade machen. Teilen Sie dann den Stationen-Pass aus.

- **Station 1:** Immer drei Kinder laufen so schnell sie können von der Start- zur Ziellinie. Sie können die Zeiten messen. Hierfür benötigen Sie eventuell Hilfe durch die Eltern.

- **Station 2:** Markieren Sie mit Kreide eine Stelle am (tiefliegenden!) Sandkasten, von der die Kinder abspringen können. Von hier aus sollen sie so weit wie möglich springen. Sie können die Weite mit einem Maßband messen. Alternativ können sie den Weitsprung auch auf einer Rasenfläche machen. Hier sollten sich die Kinder aber nicht hinfallen lassen!

- **Station 3:** Bauen Sie einen Balancier-Parcours auf. Hier können Sie eine umgedrehte Bank, Seile, Teppichfliesen, ein Balance-Board, Flusssteine und vieles mehr verwenden. Die Kinder dürfen dann nacheinander den Parcours durchlaufen.

- **Station 4:** Wenn es ein Klettergelände im Turnraum oder im Außengelände gibt, können Sie dieses nutzen. Jedes Kind darf einmal zeigen, wie toll es schon klettern kann.

- **Station 5:** Hier dürfen die Kinder einen Drei-Fuß-Lauf machen. Dafür werden jeweils ein linkes und ein rechtes Bein von zwei Kindern zusammengebunden. Es kann hierfür ein weites Gummiband verwendet werden. Es sollte nicht zu straff sitzen, damit sich die Kinder nicht wehtun, wenn sie fallen. Als Strecke für den Lauf eignet sich die Strecke aus der ersten Station oder es wird eine weitere Start- und Ziellinie aufgebaut.

- **Station 6:** Fangen spielen: Drei Kinder sind die Löwen, die anderen sind die Gazellen. Jetzt dürfen die Löwen auf ein vereinbartes Zeichen hin loslaufen und versuchen, die Gazellen zu fangen. Wird eine Gazelle festgehalten, wird sie auch zum Löwen und darf beim Fangen helfen.
  Achtung: Wenn die Löwen zusammenarbeiten, gelingt es ihnen schneller, die Gazellen zu fangen.

Wir helfen Tigern

ab 3 Jahren

Sachinformationen für die Erzieherinnen:
Der Tiger ist schon seit vielen Jahren vom Aussterben bedroht. Tiger lebten noch vor hundert Jahren überall in Asien. Heute leben sie nur noch in wenigen asiatischen Gebieten. Sie lieben es, durch den Dschungel zu streifen, doch immer mehr Wälder werden abgeholzt. So schwindet der Lebensraum für den Tiger. Schon jetzt sind einige Arten verschwunden. Außerdem werden Tiger wegen ihres Felles gejagt.
Einige Länder wollen die Zahl der lebenden Tiger wieder verdoppeln und bisher gelingt dies auch zum Teil.

Was kannst du tun, um dem Tiger zu helfen?
Du kannst natürlich Geld sammeln und es an eine Umweltorganisation spenden. Du kannst aber auch etwas tun, indem du auf Produkte verzichtest, die Palmöl enthalten. Bitte einfach deine Eltern, beim Einkauf darauf zu achten, dass sie keine Lebensmittel auswählen, in denen Palmöl enthalten ist.

ab 3 Jahren

Male an.

Bedrohte Löwen

ab 5 Jahren

Sachinformationen für die Erzieherinnen:
Löwen sind für die Menschen schon seit vielen Jahrhunderten ein Symbol für Stärke, Mut und Erhabenheit. Ihr Bild wird daher zum Beispiel für Wappen genutzt.
Dennoch ist der Löwe eine gefährdete Tierart. Die Löwenjagd war vor allem im letzten Jahrhundert eine beliebte Sportart. Heute ist dies zwar nicht mehr so, aber die Jagd auf Löwen ist nicht überall verboten. Vor allem mit Löwenknochen wird Handel getrieben. Der Lebensraum des Löwen wird ebenfalls knapper, da die Menschen sich immer weiter ausbreiten. Dadurch werden auch die Beutetiere des Löwen immer weniger. Es gibt einige Schutzräume, in denen Löwen in großen Gruppen leben können. Hier finden sie gute Lebensräume und ausreichend Beutetiere vor. Außerhalb der Schutzräume ist das nicht so.

ab 3 Jahren

Ausmalbild „Wo die Löwen wohnen"

Male die Löwen an.

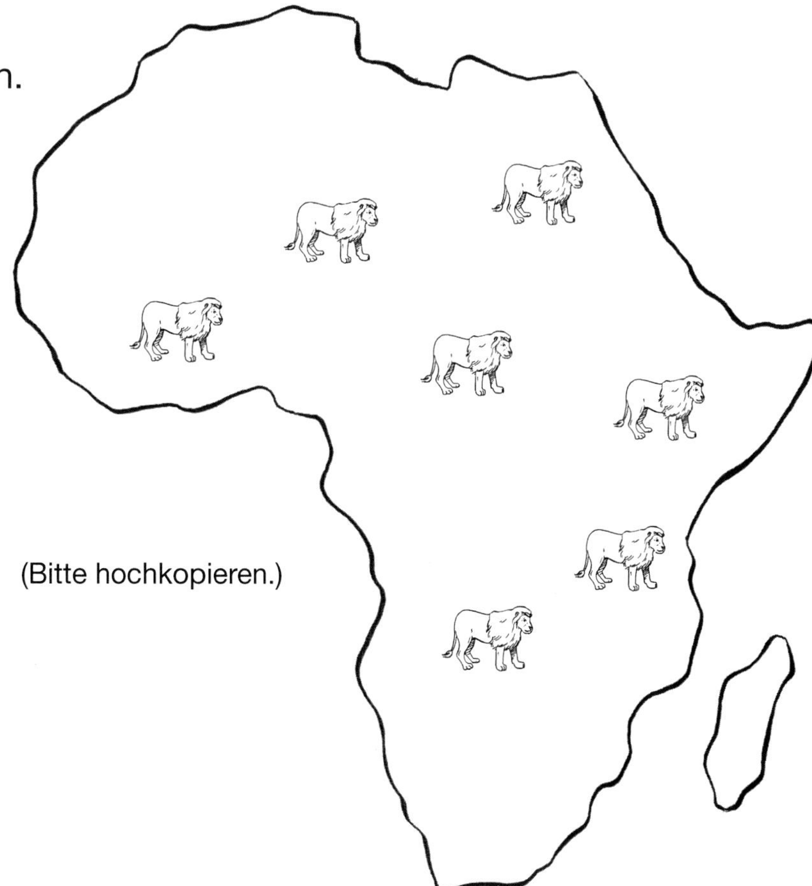

(Bitte hochkopieren.)

Leise wie ein Tiger

ab 3 Jahren

Material:
Tücher oder Schals, evtl. Stoppersocken

Arbeitsanleitung:
Spielen Sie das Spiel mit den Kindern am besten auf Stoppersocken.

Ein Kind bekommt die Augen verbunden. Die anderen Kinder laufen durch den Raum. Dabei versuchen sie, so leise wie ein Tiger zu schleichen.
Das Kind mit den verbundenen Augen soll versuchen, die Tiger zu hören und zu fangen.
Hat das Kind einen Tiger gefangen, wird dieser auch zum Fänger und bekommt die Augen verbunden.

Tipp:
Sie können das Spiel auch draußen auf einer Wiese spielen. Legen Sie vorher fest, wie weit die Kinder laufen dürfen und achten Sie darauf, dass keine Hindernisse im Weg sind.

ab 4 Jahren

Mutig wie ein Löwe – Kinderyoga „Löwe"

Material:
evtl. Papier ca. DIN A3, Stifte

Durchführung:
Kommen Sie mit den Kindern in einem Sitzkreis zusammen.
Fragen Sie die Kinder, in welchen Momenten sie sich mutig wie ein Löwe fühlen.
Gibt es auch Momente, wo sich die Kinder so gar nicht mutig fühlen?

Dann kommen alle Kinder in den Vierfüßlerstand. Sie atmen ganz tief ein. Dann gehen sie mit dem Gewicht vorne auf ihre Hände, die Arme bleiben gestreckt. Sie reißen die Augen weit auf und strecken die Zunge heraus, soweit sie können. Dabei dürfen sie so laut brüllen wie ein Löwe. Sie sollen sich vorstellen, dass sie ihrer Angst mutig ins Gesicht brüllen.
Diese Übung gerne ein paar Mal wiederholen.

Zur Erinnerung an die mutigen Momente kann man ein Plakat mit den Kindern malen.
Für jede mutige Situation wird ein kleines Bild gemalt.
Das Plakat kann im Gruppenraum aufgehängt werden und erinnert die Kinder immer daran, wie mutig sie sind!